Che l'Onnipotente benedica te e la tua famiglia con la sua benedizione.

I Grandi Quattro Califfi Rashidun dell'Islam
Pubblicato da Editori Hidayah

Copyright © 2022 Hidayah Publishers

Tutti i diritti riservati. Nessuna parte di questo libro può essere riprodotta in qualsiasi forma senza il permesso dell'editore, ad eccezione di quanto consentito dalla legge sul copyright degli Stati Uniti.

ISBN: 978-1-990544-62-0

# Il Califfato Rashidun

## 632-661 CE

## Cos'è un Califfato?

Prima dell'ascesa dell'Islam, le tribù arabe seguivano comunità tribali autonome nomadi e sedentarie. Dopo le prime conquiste musulmane del Profeta Muhammad ﷺ, la regione fu politicamente unificata e si espanse sotto l'Islam.

Un califfato è uno stato islamico sotto la guida di un amministratore islamico con il titolo di 'califfo'; una persona considerata il successore politico-religioso del Profeta Muhammad ﷺ e il sovrano dell'intero mondo musulmano (Ummah). Storicamente, i califfati erano organizzazioni politiche basate sull'Islam che si svilupparono in imperi transnazionali multietnici. Durante il periodo medievale, tre califfati principali si sono succeduti: Il califfato di Rashidun (632-661), il califfato omayyade (661-750), e il califfato abbaside (750-1517). Nel quarto grande califfato, il califfato ottomano, i governanti dell'impero ottomano rivendicarono l'autorità califfale dal 1517.

Il primo califfato dell'Islam, il Califfato Rashidun, succedette immediatamente all'ultimo Messaggero di Allah, il Profeta Muhammad ﷺ, nel 632 d.C. I quattro califfi del Rashidun furono eletti dalla shura, un processo di consultazione della comunità che alcuni vedono come una prima forma di democrazia islamica.

# Chi è un Califfo?

Khalifah (Califfo) significa successore, colui che succede o segue qualcuno in qualsiasi posizione. Il termine fu usato per la prima volta dai musulmani, riferendosi ad Abu-Bakr al-Sidique(R.A) quando succedette al Profeta Muhammad ﷺ nel 632 d.C. Abu-Bakr Che Allah sia soddisfatto di Abu Bakr(R.A) e lo ricompensi con la migliore delle ricompense. Ameen. fu chiamato 'Khalifah-tur-Rasulallah' (il successore dell'Apostolo di Dio ﷺ), e da quel momento, il termine usato per tutti i capi degli stati islamici nell'età dell'oro islamica. Il titolo 'Khalifah' (califfo) implicava le funzioni di capo dello stato. Il suo dovere non era quello di dare nuove interpretazioni in materia religiosa, ma di aderire al Corano e alla Sunnah (le pratiche di Rasulallah ﷺ. L'ufficio del califfato era responsabile dell'applicazione e della difesa della Sharia' (legge islamica). Pertanto, il califfo aveva funzioni spirituali e mondane e serviva come leader spirituale e politico.

## Abu Bakr As-Siddique

632–634 CE

# AS-SIDDIQUE
## Il Veritiero

## Lignaggio e Prima Vita

Abu Bakr Siddique<sup>(R.A)</sup>, popolarmente conosciuto come Abu Bakr, è il primo califfo dopo il Profeta Mohammad ﷺ. Il suo nome completo è Abdullah bin Abu Quhafah Uthman bin Aamer Al Qurashi Al Taymi. Il suo lignaggio si unisce a quello del Santo Profeta ﷺ sei generazioni prima di lui.

Abu Bakr Siddique<sup>(R.A)</sup> nacque a Makkah nell'anno 573 d.C. (era cristiana), due anni e qualche mese dopo la nascita del Profeta Mohammad ﷺ. Abu Bakr<sup>(R.A)</sup> è stato allevato dai suoi buoni genitori; così ha acquisito una notevole autostima e uno status nobile. Suo padre Uthman Abu Quhafah accettò l'Islam nel Giorno della Vittoria a Makkah. Sua madre Salma bint Sakhar, conosciuta anche come Umm Al Khair, abbracciò presto l'Islam ed emigrò a Madinah.

Abu Bakr Siddique<sup>(R.A)</sup> trascorse la sua prima infanzia, come altri bambini arabi dell'epoca, tra i beduini. Nei suoi primi anni, giocava con i vitelli e le capre dei cammelli, e il suo amore per i cammelli gli fece guadagnare il soprannome "Abu Bakr", che significa "il padre del vitello del cammello".

Nel 591 d.C., all'età di 18 anni, Abu Bakr<sup>(R.A)</sup> entrò nel commercio e adottò la professione di mercante di stoffe, che era l'attività della sua famiglia. Iniziò la sua attività con un capitale di quarantamila dirham e viaggiò molto con le carovane (treno di cammelli, serie di cammelli che trasportano passeggeri da un luogo all'altro). I viaggi d'affari lo portarono nello Yemen, in Siria e in molti altri paesi dell'attuale Medio Oriente. I suoi affari prosperarono e anche se suo padre era ancora vivo, Abu Bakr(R.A) venne riconosciuto come capo della sua tribù grazie alle sue molte qualità come la conoscenza della storia delle tribù arabe (conoscenza genealogica), la politica, il commercio e gli affari, la sua gentilezza e molte altre. Anche prima dell'Islam, Abu Bakr Siddique(R.A) ottenne grandi valori, alta etica e buoni comportamenti nella società ignorante. Era ben noto tra la gente di Makkah come leader rispetto agli altri nella moralità e nei valori. Così, non era mai stato scartato o criticato per qualsiasi deficienza tra la tribù Quraish.

## Accettazione dell'Islam

Abu Bakr Siddique(R.A) ha accettato l'Islam dopo una lunga ricerca della vera religione. Quando Abu Bakr(R.A) ha abbracciato l'Islam, il Santo Profeta ﷺ era felicissimo, perché Abu Bakr(R.A) era una fonte di trionfo per l'Islam a causa della sua intimità con la tribù Quraish e il suo nobile carattere che Allah ha esaltato.

Il Santo Profeta ﷺ disse una volta:

"Abu Bakr fu l'unica persona che accettò l'Islam immediatamente, senza sospetti".

## Il Titolo di "As-Siddique"

As-Siddique, il più noto dei titoli di Abu Bakr(R.A), deriva dalla parola 'Sidq', che significa veridicità. Pertanto, la parola As-Siddique significa una persona che è costantemente sincera o che crede costantemente nella veridicità di qualcosa o qualcuno. Nel caso di Abu Bakr(R.A), nella veridicità del Profeta Mohammad ﷺ. Il titolo 'As-Siddique' è stato dato ad Abu Bakr(R.A) nientemeno che dal Santo Profeta ﷺ.

## Migrazione da Makkah a Madinah

Quando il Profeta ﷺ e i suoi Compagni (Sahaba) soffrirono immensamente per i danni dei Quraish, il Santo Profeta ﷺ ordinò ai suoi Compagni di migrare a Madinah. Mentre la casa del Profeta ﷺ era assediata da un gruppo di spadaccini di tutte le tribù di Makkah, lasciò suo cugino, Ali bin Abi Talib(A.S), nel suo letto e scivolò inosservato dalla casa, e partì con Abu Bakr(R.A) nelle prime ore del mattino. Il loro viaggio da Makkah a Madinah fu pieno di avventure. Non appena gli spadaccini assedianti scoprirono che erano stati ingannati, andarono alla ricerca di Rasulallah ﷺ e Abu Bakr(R.A). Un premio pubblico di cento cammelli fu offerto a chiunque li avesse trovati. Tuttavia, accadde che quando si nascosero in una grotta chiamata 'Thaur' (dove passarono tre notti), un ragno tesseva la sua tela all'apertura della grotta e un piccione vi costruì il suo nido. Gli spadaccini seguirono le loro tracce fino a raggiungere il loro nascondiglio, ma, vista la tela e le prime ore del mattino, tornarono a casa, dicendo a tutti che un ulteriore inseguimento era infruttuoso.

Il Messaggero di Allah ﷺ una volta disse di Abu Bakr(R.A):

"Nessuno mi ha aiutato senza ricambiarlo, tranne Abu Bakr, che mi ha dato un aiuto che Allah ricambierà a lui nel Giorno della Resurrezione. Nessuna proprietà di nessuno mi ha beneficiato nella misura di quella di Abu Bakr. E se dovessi prendere un khalil (amico), allora avrei preso Abu Bakr come khalil, e infatti il tuo compagno è il khalil di Allah." (Tirmidhi: 3661)

Abu Bakr(R.A) aveva anche liberato molti schiavi perché provava compassione per loro. Secondo le fonti, acquistò e liberò otto schiavi, quattro uomini e quattro donne, pagando quarantamila dinari per la loro libertà. Bilal bin Rabah(R.A), uno dei più fedeli e fidati compagni del Profeta Mohammad ﷺ, fu uno degli schiavi che Abu Bakr(R.A) liberò dalla schiavitù.

## Il Primo Califfo dell'Islam

Abu Bakr Siddique(R.A), quando sentì la notizia della scomparsa del Profeta Muhammed ﷺ, si precipitò verso la Sua casa. Anche lui era scioccato e si sentiva come se una parte vitale del suo corpo si fosse tagliata. Arrivò lì e baciò la fronte del Profeta Muhammad ﷺ tre volte e disse,

"O Messaggero di Allah ﷺ! La tua morte è pulita e graziosa come lo era la tua vita". (Ibn e saad)

Che giorno terribile fu quello per tutti i Compagni. Ogni cuore era triste e ogni occhio versava lacrime. Nessuno era pronto ad accettarlo.

Dopo le consultazioni, il giorno in cui Rasulallah ﷺ morì, Abu Bakr(R.A) fu eletto la sera come primo califfo dell'Islam. Tre giorni prima, Rasulallah ﷺ diede ad Abu Bakr(R.A) la carica per il pilastro più importante dell'Islam, il

Namaz. Meritava di essere il califfo perché era il più vicino di tutti i compagni, l'amico della grotta e il suocero del Santo Profeta ﷺ. È anche conosciuto come il pioniere dell'Islam in quanto era tra i primi convertiti.

## Contributi Principali

Uno dei risultati più eccezionali che Abu Bakr Siddique(R.A) ha reso all'Islam è stata la compilazione del Sacro Corano. A quel tempo, c'erano centinaia di memorizzatori che avevano memorizzato l'intero Corano, ma il Sacro Corano non era mai stato compilato in forma di libro. Umer bin Khattab(R.A) sollecitò Abu Bakr(R.A) a farlo scrivere in forma di libro. Abu Bakr(R.A) all'inizio esitò perché questo non era stato fatto dal Santo Profeta ﷺ stesso. Tuttavia, dopo alcune discussioni sull'argomento, accettò e nominò Zaid ibn Thabit(R.A) per questo lavoro. Zaid(R.A) esitò al pensiero di intraprendere un compito così importante, ma poi si fece coraggio e iniziò il lavoro. Zaid(R.A) era la persona più capace per essere incaricato di questo perché aveva agito come scrittore del Profeta ﷺ, e uno dei Compagni, che aveva imparato il Corano direttamente da lui.

Zaid ibn Thabit(R.A), disse:

"Per Allah, se Abu Bakr(R.A) avesse ordinato di spostare una delle montagne dal suo posto non sarebbe stato più difficile per me di quello che mi aveva ordinato riguardo alla raccolta del Corano."

È riportato da Ali bin Abi Talib(A.S), che disse:

"Colui che ha la più grande ricompensa tra il popolo è Abu Bakr perché è stato unico nella compilazione del Corano."

## Morte e Luogo di Sepoltura

Abu Bakr Siddique(R.A) morì il 22 di Jumada Al-Akhirah, 13 A.H. (lunedì 23 agosto 634 d.C.), dopo aver sofferto di febbre per quindici giorni, durante i quali diede istruzioni a Umar bin Khattab(R.A) di guidare le preghiere. Quando Abu Bakr(R.A) morì, aveva sessantatré anni e il suo califfato era durato solo due anni e tre mesi. Durante la sua malattia, pensava all'Islam e al futuro della stabilità dello stato. Dopo essersi consultato con molti dei ben noti compagni del Santo Profeta ﷺ, Abu Bakr(R.A) decise di conferire il califfato a Umar bin Khattab(R.A).

Prima di morire, Abu Bakr(R.A) restituì tutto ciò che aveva preso dal tesoro pubblico durante il suo califfato. Si dice che non abbia lasciato in eredità alcun denaro. Ha lasciato solo un servo, un cammello e un indumento. I suoi ordini erano che dopo la sua morte, l'abito doveva essere consegnato al suo successore. Vedendolo, Umar(R.A) pianse e disse:

"Abu Bakr(R.A) ha reso il compito del suo successore molto difficile".

Quando morì, Umar(R.A) guidò la preghiera funebre e la sua tomba fu posta accanto al Santo Profeta ﷺ. Tale fu la morte pacifica di Abu Bakr Siddique(R.A) dopo aver lottato tutta la vita per la causa dell'Islam. Durante i primi anni dell'Islam, Abu Bakr(R.A) fu una fonte di conforto e di aiuto costante per il Santo Profeta ﷺ, sempre disposto a sacrificare la sua ricchezza e la sua stessa vita per la causa dell'Islam. Dopo il Santo Profeta ﷺ, Abu Bakr(R.A) continuò a rafforzare l'Islam. Egli rafforzò ulteriormente le fondamenta della nazione musulmana combattendo e sconfiggendo gli apostati e poi diffondendo l'Islam in alcune importanti conquiste durante il suo califfato.

Che Allah sia soddisfatto di Abu Bakr(R.A) e lo ricompensi con la migliore delle ricompense. Ameen.

# Umar Al-Farooq
## 634–644 CE

# AL-FAROOQ

## La distinzione tra 'Haq' (Giusto) e 'Batil' (Sbagliato)

## Lignaggio e Prima Vita

Il suo nome completo è Umar ibn Al-Khattab(R.A). Era conosciuto come Abu Hafs e si guadagnò il soprannome di Al-Farooq (il Criterio) perché mostrò apertamente il suo Islam a Makkah, e attraverso di lui, Allah(S.W.T) distinse tra miscredenza e fede. Nacque nel 584 d.C. Suo padre era Al-Khattab ibn Nufayl, e suo nonno Nufayl era uno di quelli a cui la tribù Quraish faceva riferimento per il giudizio. Sua madre era Hantamah bint Hashim bin Al Mugheerah.

Umar(R.A) ha trascorso metà della sua vita nella società pre-islamica (Jahiliyah), ed è cresciuto come i suoi coetanei di Quraish, tranne che ha un vantaggio su di loro come colui che ha imparato a leggere, di cui c'erano pochissimi. Si assunse delle responsabilità in tenera età ed ebbe un'educazione molto dura in cui non conobbe alcun tipo di lusso o manifestazione di ricchezza. Suo padre, Al-Khattab, lo costringeva a badare ai suoi cammelli.

Fin dalla sua prima giovinezza eccelleva anche in molti tipi di sport, come la lotta, l'equitazione e l'equitazione. Amava e narrava la poesia, ed era interessato alla storia e agli affari del suo popolo. Inoltre, si impegnò nel commercio e fece affari, il che lo rese uno degli uomini ricchi di Makkah. Fece conoscenza con molte persone nei paesi che visitò per il commercio. Viaggiava in Siria in estate e nello Yemen in inverno. Così, occupò una posizione di rilievo nella società meccana durante l'era pre-islamica.

Umar(R.A) era saggio, eloquente, ben parlato, forte, tollerante, nobile, persuasivo e chiaro nel parlare, il che lo rendeva qualificato per essere un ambasciatore di Quraish. Era un giurista esperto ed è meglio conosciuto per la sua giustizia, allo stesso modo per i musulmani e non musulmani. Questo valore gli valse il titolo di 'Al- Farooq' (colui che distingue tra giusto e sbagliato).

## Accettazione dell'Islam

Come uno dei più accaniti nemici dell'Islam e del Santo Profeta ﷺ; era un tormentatore dei musulmani, e tutti lo temevano.

Si dice che un giorno, in preda alla rabbia, Umar(R.A) decise di uccidere il Santo Profeta ﷺ e uscì di casa con questa intenzione. Mentre si avvicinava alla casa del Santo Profeta ﷺ, un uomo lo fermò. Quando l'uomo seppe cosa stava facendo Umar(R.A), gli disse: "Anche tua sorella e suo marito hanno abbracciato l'Islam. Perché non torni a casa tua e sistemi le cose!".

Sentendo questo, cambiò furiosamente direzione e si diresse verso la casa di sua sorella. Quando si avvicinò alla loro casa, poté ascoltare il suono del Corano che veniva recitato.

Umar(R.A) andò verso la casa e bussò alla porta. Quando la sorella e suo marito sentirono bussare alla porta, si affrettarono a nascondere Il Libro. Umar(R.A) entrò in casa e chiese cosa fosse il ronzio che sentiva. Sua sorella rispose che era il suono di loro che parlavano tra di loro. Ma Umar⁽ᴿ·ᴬ⁾ conosceva bene il suono del Corano, così chiese loro con rabbia.

"Siete diventati musulmani?"

"Sì, l'abbiamo fatto" rispose il marito della sorella. Umar⁽ᴿ·ᴬ⁾ lo colpì con rabbia, e quando la sorella cercò di difendere il marito, lui colpì anche la sua faccia. Il sangue cominciava ormai a colare dalla sua faccia. Lei si alzò e affrontò il fratello arrabbiato, dicendo: "Tu sei un nemico di Dio! Mi hai colpito solo perché credo in Allah. Che ti piaccia o no, io testimonio che non c'è altro dio che Allah e che Muhammad ﷺ, è il suo schiavo e messaggero. Fate quello che volete!".

Umer⁽ᴿ·ᴬ⁾ vide il sangue scorrere sul viso di sua sorella. Le sue parole risuonavano nelle sue orecchie. Chiese che gli fossero recitate le parole del Corano che aveva sentito mentre si avvicinava alla casa. Sua sorella gli chiese di lavarsi prima di recitare quelle parole. Lui accettò, si pulì e tornò indietro. Quando sua sorella recitò le parole del Corano, gli riempì gli occhi di lacrime calde.

"E' questo quello che abbiamo affrontato?", gridò. "Colui che ha pronunciato queste parole deve essere venerato". Umar⁽ᴿ·ᴬ⁾ lasciò la casa di sua sorella e si precipitò dal Messaggero di Allah ﷺ.

I compagni che accompagnavano il Santo Profeta ﷺ avevano paura di Umar⁽ᴿ·ᴬ⁾, quindi cercarono di fermarlo.

Rasulallah ﷺ chiese: "Perché sei venuto qui, figlio di Khattab?"

Umar⁽ᴿ·ᴬ⁾ affrontò il Santo Profeta ﷺ con umiltà e gioia e disse: "O Messaggero di Dio! Non sono venuto per nessun motivo se non per dire che credo in Dio e nel Suo Messaggero". Il Santo Profeta ﷺ fu sopraffatto dalla gioia e gridò che Allah è grande.

La sua conversione ebbe un effetto miracoloso sulla gente di Makkah, e sempre più persone iniziarono ad accettare il messaggio del Santo Profeta ﷺ.

Umar⁽ᴿ·ᴬ⁾ visse durante l'era pre-islamica e la conosceva a fondo. Ne conosceva la vera natura, i costumi e le tradizioni, e la difendeva con tutto il potere che possedeva. Pertanto, quando entrò nell'Islam, ne comprese la bellezza e la vera natura, e riconobbe la grande differenza tra la guida e la cattiva guida, la miscredenza e la fede, la verità e la falsità.

## Migrazione da Makkah a Madinah

Quando Umar⁽ᴿ·ᴬ⁾ decise di emigrare a Madinah, insistette per farlo apertamente. Ibn Abbas⁽ᴿ·ᴬ⁾ disse:

Ali bin Abi Talib⁽ᴬ·ˢ⁾ mi disse: "Non conosco nessuno dei migranti che non sia emigrato in segreto, tranne Umar ibn Al-Khattab. Quando decise di emigrare, indossò la sua spada, mise il suo arco sulla spalla, raccolse le sue frecce e portò il suo bastone. Uscì verso la Ka'ba, dove un certo numero di Quraish erano riuniti nel suo cortile. Disse loro: "Che le vostre facce diventino brutte! Allah strofinerà questi nasi nella polvere. Chi vuole che sua madre sia privata di lui, che i suoi figli diventino orfani e che sua moglie diventi vedova, che mi incontri dietro questa valle". Ali⁽ᴬ·ˢ⁾ disse: 'Nessuno lo ha seguito'".

# Il Successore del Califfo Abu Bakr(R.A)

Quando la malattia di Abu Bakr(R.A) divenne intensa, la gente si riunì intorno a lui e disse:

"I tuoi affari sono nelle tue mani, quindi nomina su di te chi vuoi. Se nominate qualcuno mentre sono ancora vivo, penso che sia meno probabile che diventiate divisi dopo la mia morte".

Quindi, tornarono da lui e dissero:

"Abbiamo deciso di lasciarlo a te, o successore del Messaggero di Allah ﷺ".

Egli disse: "Dammi il tempo di scegliere qualcuno che sia il più gradito ad Allah e il più protettivo nei confronti della Sua religione e dei Suoi schiavi".

Allora, egli guardò il popolo e disse loro:

"Accettate colui che nominerò come vostro capo? Per Allah, ho cercato di nominare il migliore, non ho nominato un parente. Ho nominato Umar ibn Al-Khattab come vostro capo, ascoltatelo e obbeditegli".

I compagni dissero: "Ascolteremo e obbediremo".

Allora Abu Bakr(R.A) si voltò a supplicare Allah(S.W.T), esprimendo la sua preoccupazione al suo Signore. Egli disse:

"Ho nominato su di loro il migliore di loro e colui che è più desideroso di guidarli nella giusta via".

## Umar⁽ᴿ·ᴬ⁾ come Califfo

Fu il primo califfo ad essere nominato "Ameer-ul-Momineen (Principe dei credenti)". Le sue realizzazioni, durante il suo regno come califfo, sono così tante, tuttavia, di seguito sono riportati alcuni punti salienti delle sue realizzazioni durante il mandato del suo 'Khilafat':

- È lui che ha fondato il calendario lunare (anno Hijri, cioè secondo la data della migrazione del Profeta Mohammad ﷺ a Medinah).
- Nella sua epoca, l'Islam ottenne una grande posizione, poiché l'impero islamico si espanse ad un ritmo senza precedenti governando tutto l'Iraq, l'Egitto, la Libia, Tripoli, la Persia, il Khurasan, l'Anatolia orientale, l'Armenia meridionale e il Sajistan. Gerusalemme (prima Qiblah) fu conquistata durante il suo regno insieme a tutto l'impero persiano sasanide e due terzi dell'impero romano d'Oriente.
- Egli introdusse e implementò diversi lavori di amministrazione politica e civile come il Segretario Capo (Khatib), il Segretario Militare (Khatib-ud-Diwan), l'esattore delle entrate (Sahib-ul-Kharaj), il capo della polizia (Sahib-ul-Ahdath), l'ufficiale del tesoro (Sahib Bait-ul-Maal) e molti altri posti ufficiali.
- Umar⁽ᴿ·ᴬ⁾ fu il primo a stabilire un dipartimento speciale per indagare sui reclami contro gli ufficiali dello Stato.
- Introdusse anche la pratica di misurare la terra e tenerne traccia, adottò un sistema di censimento. Fece scavare canali e popolò città come Koofah, Basrah, Jeezah, Fustat (Cairo) e delineò delle province dai territori conquistati.
- Fu il primo a permettere ai commercianti dei paesi rivali di entrare nei territori musulmani per fare affari.

- Umar<sup>(R.A)</sup> fu il primo a introdurre il sistema del ministero pubblico, dove venivano tenuti i registri dei funzionari e dei soldati. Fu anche la prima persona in assoluto a nominare le forze di polizia per mantenere l'ordine civile. Un altro aspetto importante del governo di Umar<sup>(R.A)</sup> fu che proibì ai suoi governatori/ufficiali di impegnarsi nel commercio o in qualsiasi affare mentre erano in una posizione di potere.
- Soprattutto, nelle terre conquistate, Umar<sup>(R.A)</sup> non pretese che le popolazioni non musulmane si convertissero all'Islam, né tentò di centralizzare il governo. Invece, permise alle popolazioni conquistate di mantenere la loro religione, lingua e costumi e lasciò il suo governo relativamente intatto, imponendo solo un governatore (Amir) e un agente finanziario (Amil). Queste nuove posizioni erano parte integrante dell'efficiente rete fiscale che finanziava l'impero.

Le istruzioni generali di Umar<sup>(R.A)</sup> ai suoi ufficiali erano:

"Ricordate, non vi ho nominati comandanti e tiranni sul popolo. Invece, vi ho mandati come leader affinché la gente vi seguisse. Date ai musulmani i loro diritti in modo che non vengano abusati. Non lodateli eccessivamente, affinché non cadano nel peccato di vanità. Non chiudete loro le porte in faccia, altrimenti i più potenti mangerebbero i deboli. E non comportarti come se fossi superiore a loro, perché è tirannia su di loro".

## Martirio

Imam ibn Kathir ha detto che quando Umar(R.A) concluse i suoi riti di Hajj nel 23 Hijri, pregò e chiese ad Allah(S.W.T) di portarlo a Sé e di concedergli il martirio nella terra del Santo Profeta ﷺ, cioè Madinah. Allah è davvero gentile con chi vuole. Accadde che Abu Lulu Al-Fayruz, il magiaro (l'adoratore del fuoco), un non credente e di origine romana, pugnalò Umar(R.A) mentre stava facendo la Fajr Salah (preghiera dell'alba) con un pugnale di due lame. Lo pugnalò tre volte, una di queste sotto l'ombelico. Quindi, Umar(R.A) cadde sanguinando copiosamente e fu portato a casa sua con il sangue che sgorgava dalla sua ferita. Tutto questo avvenne prima dell'alba.

Allora Umar(R.A) chiese: "Chi mi ha ucciso?"

I suoi compagni risposero: "Abu Lulu, il Magian."

Allora Umar(R.A) si rallegrò e disse: "Sia lodato Allah che non mi ha affidato dalle mani di qualcuno che sottoscrive il monoteismo. Io ti proibivo di mandarci degli infiltri poco raccomandabili, ma tu mi hai disobbedito".

Poi disse: "Chiama i miei fratelli".

Hanno chiesto: "Chi?"

Umar(R.A) disse: "Uthman, Ali, Talhah, Zubair, Abdul Rahman bin Awf e Sad bin Abi Waqas".

Quando arrivarono, Umar(R.A) disse:

"Ho esaminato gli affari dei musulmani e ho trovato voi sei il più importante e il più intelligente. Non vedo l'autorità di nessuno tranne uno di voi. Se voi siete retti, allora gli affari del popolo saranno retti. Se c'è disaccordo, è perché non siete d'accordo". Il suo sangue fu asciugato per lui, ed egli disse: "Consultatevi per tre giorni, e nel frattempo, Suhayb Ar-Rumi dovrebbe guidare il popolo nella preghiera". Essi chiesero: "Con chi dobbiamo consultarci, o Principe dei credenti?" Egli rispose: "Consultatevi con gli immigrati e i sostenitori e con i comandanti degli eserciti".

Chiese di bere del latte. Quando lo bevve, si vide il bianco del latte trasudare dalle sue ferite, e fu chiaro per loro che sarebbe morto. Egli disse:

"Il tempo è ora (cioè della morte). Se avessi il mondo intero, l'avrei dato per riscattarmi dall'orrore del punto di partenza".

Poi, la sua anima fu presa. Questo accadde il 26 Dhul Hijjah, 23 A.H. (mercoledì 7 novembre 644 d.C.). Aveva sessantatré anni e la sua era si estendeva per dieci anni.

Secondo la volontà di Umar(R.A), fu sepolto, con il permesso della Madre dei credenti, Aisha Siddiqua(R.A), accanto al Profeta Mohammad ﷺ e al Califfo Abu Bakr(R.A) nella Masjid Al-Nabawi.

## The Austerity of Umar(R.A)

Umar(R.A) era molto umile verso Allah e conduceva una vita austera. Il suo cibo era molto grossolano ed egli rattoppava i suoi vestiti con il cuoio. Aveva l'abitudine di portare una pelle d'acqua sulle spalle nonostante la sua grande stima. Rideva raramente e non scherzava mai con nessuno. Sul suo anello era inciso: "La morte è sufficiente come ammonimento, O' Umar".

Quando fu nominato califfo, disse: "Nulla è ammissibile (per me) dal tesoro più di due vestiti, uno per la stagione fredda e l'altro per la stagione secca. Il sostentamento della mia famiglia sarà l'equivalente di un uomo medio di Quraish e non il ricco tra loro, perché io sono solo un uomo comune tra i musulmani (cioè, niente di speciale in me)".

Nella storica missione a Gerusalemme, una borsa piena di farina d'orzo essiccata, un cammello, uno schiavo e una tazza di legno erano tutti gli averi di Umar$^{(R.A)}$, il Khalifah della Ummah musulmana, un magnifico e potente sovrano islamico la cui cavalleria aveva già calpestato palazzi e corone e troni sotto gli zoccoli dei suoi cavalli. Era uno scenario unico di uguaglianza islamica e di dignità umana che a volte il califfo sedeva sul cammello, e lo schiavo camminava tenendo la briglia del cammello e altre volte, viceversa.

Al tempo della siccità, Umar$^{(R.A)}$ mangiava pane e olio fino a quando la sua pelle diventava pallida e scura, e diceva: "Che cattivo capo sono se mangio il mio filetto e il popolo ha fame".

Che Allah lo ricompensi con la migliore delle ricompense. Ameen.

# Usman Zun-Noorain

## 644-656 CE

# ZUN-NURAIN
## Quello con i due Noor

## Lignaggio e Vita Prima dell'Islam

Il suo nome completo è Uthman ibn Affan(R.A). Era nato a Makkah, ed era circa cinque anni più giovane dell'Apostolo di Allah ﷺ. Suo padre morì prima dell'Islam, cioè nel periodo pre-islamico. Il nome di sua madre era Arwa bint Kurayz, e morì nell'epoca in cui Usman(R.A) era califfo. Nella società pre-islamica, Uthman(R.A) era tra i migliori del suo popolo. Era di alto livello, molto ricco, troppo modesto ed eloquente nel parlare. Il suo popolo lo amava molto e lo rispettava. Non si era mai prostrato a nessun idolo e non aveva mai commesso alcuna azione immorale anche prima dell'Islam. Inoltre non beveva alcolici prima dell'Islam. Era ben versato nella conoscenza dei lignaggi, dei proverbi e della storia degli eventi importanti. Viaggiò in Siria e in Etiopia e si mescolò con persone non arabe, imparando cose sulla loro vita e sui loro costumi che nessun altro conosceva. Si prese cura degli affari che aveva ereditato da suo padre, e la sua ricchezza crebbe. Era considerato uno degli uomini del clan Banu Umayyah che erano tenuti in grande considerazione da tutti i Quraish. Così, Uthman(R.A) era considerato di alto livello tra la sua gente ed era molto amato.

## Accettazione dell'Islam & Immenso amore con Rasulallah ﷺ

Uthman(R.A) aveva trentaquattro anni quando Abu Bakr As-Siddique(R.A) lo chiamò all'Islam, e lui non esitò affatto e rispose immediatamente alla chiamata di Abu Bakr(R.A). Fu il quarto uomo ad abbracciare l'Islam dopo Abu Bakr(R.A), Ali ibn Talib(A.S) e Zaid ibn Harithah(R.A). Divenne presto musulmano e partecipò alle due migrazioni: la prima in Abissinia (Etiopia) e poi a Madinah.

Il fattore più vitale che ha rafforzato il carattere di Uthman(R.A), che ha fatto emergere i suoi talenti e le sue potenzialità, e ha purificato la sua anima, è stato il suo stare in compagnia del Messaggero di Allah ﷺ e lo studio per mano sua. Egli disse:

"Allah Onnipotente ha inviato il Profeta Mohammad ﷺ con la verità e gli ha rivelato il Libro, e io sono stato uno di quelli che hanno risposto ad Allah e al Suo Messaggero ﷺ e hanno creduto. Ho fatto le due prime migrazioni e sono diventato il genero del Messaggero di Allah ﷺ e ho ricevuto la guida direttamente da lui".

Fu uno dei dieci a cui il Profeta Muhammad ﷺ diede la lieta novella del paradiso e uno dei Compagni che compilarono il Corano.

## Amore per il Corano

Uthman(R.A) era profondamente legato al Santo Corano. Era un 'Hafiz' del Corano (memorizzazione del Corano) e leggeva sempre il Corano. Uthman(R.A) recitò l'intero Corano al Profeta Mohammad ﷺ prima di morire.

È stato narrato che:

"Coloro che hanno insegnato il Corano, come Uthman ibn Affan, Abd-Allah ibn Masood e altri, ci hanno detto che quando imparavano dieci versetti dal Santo Profeta ﷺ, non andavano oltre fino a quando non avevano imparato la conoscenza contenuta in essi e come applicarla nei fatti".

I seguenti detti di Uthman(R.A) mostrano chiaramente il suo attaccamento e amore per il Santo Corano:

"Se i nostri cuori fossero puri, non avremmo mai il nostro filtro delle parole di Allah(S.W.T)"

"Non vorrei che venisse il giorno in cui non guardassi nel Libro di Allah (cioè il Santo Corano)".

## Migrazione in Etiopia

Uthman(R.A) e sua moglie Syeda Ruqayyah(S.A), figlia del Santo Profeta ﷺ, emigrarono in Etiopia (Abissinia) insieme a dieci uomini musulmani e tre donne. Alcuni musulmani si unirono poi a loro come emigranti. Tutti i musulmani emigrati trovarono sicurezza e libertà di culto in Abissinia.

Uthman$^{(R.A)}$ aveva già alcuni contatti commerciali in Etiopia; perciò continuò a praticare la sua professione di commerciante.

Quando si sparse la voce che la gente di Makkah era diventata musulmana, la notizia arrivò agli emigranti in Abissinia, così tornarono indietro, ma quando si avvicinarono a Makkah, sentirono che la notizia era falsa. Ciononostante, tutti gli emigranti entrarono in città. Tra quelli che tornarono c'erano Uthman$^{(R.A)}$ e Syeda Ruqayyah$^{(S.A)}$ e si stabilirono nuovamente a Makkah. Uthman$^{(R.A)}$ rimase a Makkah fino a quando Allah concesse il permesso di emigrare a Madinah.

## Il Matrimonio con le Figlie di Rasulallah ﷺ

Sposò Syeda Ruqayyahh$^{(S.A)}$, figlia del Profeta Mohammad ﷺ, che morì la notte della battaglia di Badr. Quando i musulmani uscirono per combattere la battaglia di Badr, la moglie di Uthman$^{(R.A)}$ era malata ed era confinata nel suo letto nel momento in cui suo padre, il Profeta Mohammad ﷺ, chiamò i musulmani ad intercettare la carovana di Quraish. Uthman$^{(R.A)}$ si affrettò a uscire con il Messaggero di Allah ﷺ, ma questi ﷺ non permise a Uthman$^{(R.A)}$ di andare con loro e gli ordinò di rimanere con Ruqayyah$^{(S.A)}$ e di curarla dicendo:

"Tu [Uthman$^{(R.A)}$] riceverai la stessa ricompensa e la stessa parte (del bottino) di chiunque abbia partecipato alla battaglia di Badr (se resti con lei)." (Bukhari: 3699)

Uthman$^{(R.A)}$ obbedì volentieri e rimase con sua moglie. Quando esalò i suoi ultimi respiri, lei desiderava vedere suo padre ﷺ, ma non riuscì a vederlo. Suo marito addolorato, Uthman(R.A), seppellì la sua amata moglie ad Al-Baqee (il cimitero sacro dei musulmani vicino a Masjid Al-Nabawi a Madinah). Dopo essere tornato vittorioso dalla battaglia di Badr, Rasulallah ﷺ seppe della morte di sua figlia. Andò ad Al-Baqee, si fermò sulla sua tomba e pregò per il perdono.

Dopo la morte di Syeda Ruqayyah(S.A), il Profeta Mohammad ﷺ sposò la sua altra figlia, Syeda Umm Kulthom(S.A), con Uthman(R.A). Come narrato da Abu Hurairah(R.A), il Messaggero di Allah ﷺ stava sulla porta di Masjid Al-Nabawi e disse:

"O Uthman, Jibreel mi ha detto che Allah vuole che tu sposi Umm Kulthoom per una dote (Mehr) simile a quella di Ruqayyah e che la tratti con la stessa gentilezza." (Ibn Majah; 110)

Uthman(R.A) e Syeda Umm Kulthoom(S.A) si sposarono. Dopo tre giorni dal loro matrimonio, il Profeta Mohammad ﷺ fece visita a sua figlia e chiese:

"O figlia mia, come hai trovato tuo marito (cioè Uthman)?" Lei rispose: "Il migliore dei mariti".

Umm Kulthoom(S.A) rimase con Uthman(R.A) fino alla sua morte. Il Profeta ﷺ offrì la preghiera funebre per lei. Uthman(R.A) era profondamente addolorato per la perdita di Syeda Umm Kulthoom(S.A). Quando Rasulallah ﷺ vide Uthman(R.A) camminare con il cuore spezzato e i segni del dolore sul suo volto, Egli ﷺ venne da Uthman(R.A) e disse:

"O Uthman, se avessi una terza, la darei in sposa a te".

Questo è induttivo dell'amore del Profeta Mohammad ﷺ per Uthman(R.A), e della lealtà e del rispetto di Uthman(R.A) verso il suo Profeta ﷺ. Gli studiosi dicono che nessuno è noto per aver sposato due figlie di un Profeta tranne lui. Per questo motivo, è stato soprannominato 'Zun-Noorain' (quello con le due luci).

## Contributo alla diffusione dell'Islam
## E per il Benessere dei Musulmani

Uthman(R.A) era uno dei più ricchi tra coloro ai quali Allah aveva concesso la ricchezza. Usava la sua ricchezza per obbedire ad Allah(S.W.T) Era sempre il primo a fare il bene e a spendere sulla via di Allah(S.W.T), e non temeva la povertà. Tra i molti esempi delle sue spese ci sono i seguenti:

- Quando il Santo Profeta ﷺ arrivò a Madinah, l'unica fonte di acqua fresca era il pozzo di Bir Rumah, e senza pagamento, nessuno poteva bere acqua dal pozzo. Uthman(R.A) comprò il pozzo dal proprietario (che era un ebreo) per ventimila dirham e lo donò ai ricchi, ai poveri e ai viandanti.
- A Madinah, Masjid Al-Nabawi divenne troppo piccola per i musulmani per pregare cinque volte. Uthman(R.A) comprò il terreno vicino alla moschea per venticinque o ventimila dirham, e questo terreno fu aggiunto alla moschea, che divenne così abbastanza grande per ospitare i musulmani.
- Ha speso una somma significativa per equipaggiare l'esercito musulmano per la campagna di Tabook.
- Durante il califfato di Umar(R.A), lo status di Uthman(R.A) era quello di consigliere. Durante il califfato di Umar(R.A), Uthman(R.A) istituì il sistema di registrazione delle ricchezze spese e guadagnate (il Diwan). Uthman(R.A) fu colui che suggerì a Umar(R.A) di fare l'anno Hijri (calendario islamico).

## Nomina come Califfo

Umar ibn Al-Khattab(R.A), sul suo letto di morte, formò un comitato di sei persone per scegliere tra loro il prossimo califfo. Il comitato restrinse le opzioni a due: Uthman(R.A) e Ali(A.S). Ali(A.S) era del clan Banu Hashim (lo stesso clan del Profeta Muhammad ﷺ) della tribù Quraish, ed era anche il cugino e il genero del Santo Profeta ﷺ ed era stato uno dei suoi compagni fin dall'inizio della sua predicazione. Uthman(R.A) era del clan Banu Umayya della tribù Quraish. Era cugino di secondo grado e genero del Profeta Muhammad ﷺ e uno dei primi convertiti all'Islam. Quindi, Ali(A.S) ha votato per Uthman(R.A) e Uthman(R.A) ha votato per Ali(A.S).

Alla fine fu scelto Uthman(R.A). Il quarto giorno, dopo la morte di Umar(R.A), Uthman(R.A) fu eletto come terzo califfo con il titolo di 'Amir Al-Muminin' (Il Principe dei Credenti). Egli si presentò davanti al popolo e dichiarò il suo approccio al governo, spiegando che avrebbe seguito le linee guida del Corano e della Sunnah, e avrebbe seguito le orme dei due califfi predecessori [cioè Abu Bakr(R.A) e Umar(R.A)]. Ha anche dichiarato che avrebbe gestito gli affari del popolo con pazienza e saggezza, ma non avrebbe accettato alcun compromesso riguardo alle punizioni che devono essere eseguite per giustizia.

## I Punti salienti del suo Califfato

Le conquiste di Uthman(R.A) durante il suo regno come califfo, sono tante. Ha governato per dodici anni. Di seguito sono riportati alcuni punti salienti delle sue realizzazioni durante il suo Khilafat (Califfato):

- <u>Conquista</u>: Uthman(R.A) continuò le guerre di conquista iniziate da Umar(R.A). L'esercito di Rashidun conquistò il Nord Africa dai Bizantini e prese anche la Spagna, conquistando le zone costiere della penisola iberica, così come le isole di Rodi e Cipro. Inoltre, l'esercito di Rashidun conquistò completamente la costa della Sicilia, l'Impero Sassanide, e i suoi confini orientali si estendevano fino al fiume Indo.
- <u>Espansione della Moschea del Profeta</u>: Uthman(R.A) ha ampliato la Moschea del Profeta (Masjid Al-Nabawi) nel 29-30 A.H. e ha stabilito il primo fileet islamico per proteggere le spiagge musulmane dagli attacchi dei bizantini.
- <u>Compilazione del Corano</u>: Uno dei risultati più significativi di Uthman(R.A) è la compilazione del Sacro Corano, che fu iniziata nel califfato di Abu Bakr Siddique(R.A). Sotto la sua autorità, i diacritici furono scritti nelle lettere arabe in modo che i non madrelingua arabi potessero leggere facilmente il Corano.

Nella seconda metà del suo califfato, a causa dell'espansione delle conquiste islamiche e dei nuovi musulmani che non hanno assorbito lo spirito di ordine e obbedienza e i nemici dell'Islam guidati dagli ebrei hanno iniziato a provocare conflitti civili per indebolire l'unità dei musulmani e il loro stato. Essi sollevano dubbi sulla politica di Uthman(R.A) e incitano il popolo in Egitto, Kufa e Bassora alla ribellione. Hanno ingannato i loro seguaci per attuare il loro piano e hanno incontrato il califfo e gli hanno chiesto di rinunciare.

Uthman(R.A) li chiamò alla riunione nella moschea con i Compagni(R.A) anziani e altre persone della città. Egli confutò i loro pettegolezzi inaffidabili e rispose alle loro domande ma li perdonò. Così, tornarono al loro paese nascondendo la loro malizia e giurarono di tornare in città per mettere in atto le loro cospirazioni, che furono esagerate dall'ebreo Abdullah bin Saba, che si fingeva musulmano.

## Martirio

In Shawwal, 35 A.H., si verificò il tumulto, e i malfattori assediarono Uthman(R.A) nella sua casa per quaranta giorni e gli impedirono di pregare nella moschea e anche di bere. Ma quando vide alcuni dei Compagni(R.A) che si erano preparati a combattere contro di loro, lo impedì perché non voleva far cadere il sangue di un musulmano per il suo stesso bene. Poi i cospiratori entrarono nella sua casa dal retro e lo attaccarono mentre stava leggendo il Santo Corano. Sua moglie Naila(R.A) tentò di proteggerlo, ma la colpirono con la spada, tagliandole le dita. I ribelli lo uccisero e la sua preziosa copia del Corano fu bagnata dal suo sangue. Fu martirizzato il 18 di Dhul-Hijjah 35 Hijri, 656 d.C. Fu sepolto ad Al-Baqee, il cimitero sacro dei musulmani vicino a Masjid Al-Nabawi a Madinah.

Che Allah abbia pietà di Uthman ibn Affan(R.A) e si compiaccia di lui e ci riunisca nella sua compagnia. Ameen.

## Ali Asadullah

*656–661 CE*

# ASADULLAH
## Il Leone di Allah

## Lignaggio e Attributi

Il suo nome completo è Ali Ibn Abi Talib. Proveniva dalla famiglia più rispettabile della tribù Quraish, la famiglia Banu Hashim, ed era il cugino del Profeta Muhammad ﷺ. Il nome di sua madre era Fatimah(R.A), e abbracciò presto l'Islam ed emigrò a Madinah. Suo padre, Abu Talib(R.A) era il capo della tribù Banu Hashim, ed era il custode della Ka'ba ed era lo zio del Profeta Muhammad ﷺ. Abu Talib era un discendente del Profeta Ismaele(A.S), il figlio del Profeta Ibrahim(A.S).

Ali(A.S) nacque a Makkah, e abbracciò l'Islam molto presto, quando aveva nove anni. Fu uno dei dieci uomini a cui fu data la lieta novella del Paradiso. Sposò la figlia ﷺ del Profeta, Syeda Fatima(S.A). Era un eminente studioso, un coraggioso soldato, un notevole asceta e un notevole oratore.

## Prima Vita e Accettazione dell'Islam

Quando Ali(A.S) aveva cinque anni, Quraish fu colpito da una siccità che colpì la situazione economica di Makkah. Quindi, il Santo Profeta ﷺ fece appello a suo zio Al-Abbas per aiutare Abu Talib durante la crisi. Essi offrirono ad Abu Talib di prendersi cura dei suoi figli, come Al-Abbas scelse di prendersi cura di Jafar, e il Santo Profeta ﷺ prese Ali(A.S) e gli diede ogni gentilezza e affetto nella sua prima infanzia, che lo influenzò per il resto della sua vita. È cresciuto nella casa del Santo Profeta ﷺ, e quando il Santo Profeta ﷺ ha ricevuto la prima rivelazione, Ali(A.S) è stato il primo a diventare musulmano nella prima infanzia.

Una volta Ali ibn Abu Talib(A.S) tornò a casa mentre il Profeta ﷺ e la sua nobile moglie Khadijah(R.A) stavano pregando. Ali(A.S) chiese informazioni sulla preghiera, poi il Profeta ﷺ gli disse che è la religione giusta che richiede di non adorare nessun dio all'infuori di Allah. Ma il Profeta ﷺ gli chiese di mantenere il segreto. Il mattino seguente Ali(A.S) andò dal Profeta ﷺ e dichiarò il suo Islam. All'inizio tenne segreto il suo Islam, temendo suo padre, ma quando Abu Talib lo riconobbe, lo approvò e gli chiese di sostenerlo.

# Ruolo nella migrazione del Santo Profeta ﷺ da Makkah a Madinah

Il Profeta Muhammad ﷺ era conosciuto come l'uomo più affidabile di Makkah. Anche se non accettavano la sua religione, la gente di Makkah continuava a fidarsi di lui per quanto riguardava le loro cose preziose e il denaro in sua custodia. Nella fase iniziale dell'Islam, i musulmani affrontarono immense difficoltà da parte dei non credenti di Makkah. Il Profeta Muhammad ﷺ rimase a Makkah in attesa del permesso di Allah di migrare a Madinah mentre i suoi Compagni migrarono presto. Quando i miscredenti di Makkah complottarono per uccidere il Messaggero di Allah ﷺ, l'angelo Gabriele(A.S) gli rivelò i dettagli di quel malvagio complotto. Così, il Santo Profeta ﷺ chiese ad Ali(A.S) di dormire nel suo letto per impersonarlo, confondendo gli assassini che il Santo Profeta ﷺ è ancora in casa; mentre

Egli lasciò la sua casa al sicuro di notte e migrò a Madinah insieme ad Abu Bakr Siddique$^{(R.A)}$. Era Ali$^{(A.S)}$ di cui il Santo Profeta ﷺ si fidava per restituire i beni ai loro proprietari quando è partito per Madinah. Più tardi, anche Ali$^{(A.S)}$ emigrò a Madinah per raggiungere il Santo Profeta ﷺ. Ali$^{(A.S)}$ aveva sofferto immensamente nel suo viaggio a Madinah, dato che aveva trascorso quel lungo viaggio camminando sui suoi piedi. Quando raggiunse Madinah, Rasulallah ﷺ lo incontrò volentieri, inviando preghiere fedeli ad Allah$^{(S.W.T)}$ e cercando bontà e benedizioni per Ali Ibn Abi Talib$^{(A.S)}$.

Dopo la migrazione a Madinah, quando il Santo Profeta ﷺ pose le basi della società islamica, Ali$^{(A.S)}$, essendo così vicino a lui, fu estremamente attivo nel servire il Santo Profeta ﷺ, seguendo i suoi ordini e imparando dalla sua guida.

## Matrimonio con Syeda Fatima$^{(S.A)}$

Ali$^{(A.S)}$ sposò la figlia più amata del Santo Profeta ﷺ, Syeda Fatima$^{(S.A)}$, una delle migliori donne in assoluto. Sua madre era Khadijah$^{(R.A)}$. Il matrimonio benedetto ebbe luogo a Madinah dopo la battaglia di Ohud. Così, Ali$^{(A.S)}$ ebbe l'ulteriore onore di essere il padre della progenie del Profeta Muhammad ﷺ attraverso i suoi figli, Al-Hasan$^{(A.S)}$ e Al-Hussain$^{(A.S)}$, e le figlie, Zainab$^{(S.A)}$, e Umm Kulthoom$^{(S.A)}$, da Syeda Fatima$^{(S.A)}$.

## Contributi e Sostegno nella diffusione dell'Islam

Ali$^{(A.S)}$ era così affidabile e degno di fiducia che il Santo Profeta ﷺ lo designò come uno degli scrivani che avrebbero scritto il testo del Santo Corano, che gli era stato rivelato durante la sua vita. Quando l'Islam cominciò a diffondersi in tutta l'Arabia, Ali⁽ᴬ·ˢ⁾ aiutò a stabilire il nuovo ordine islamico portando i messaggi e dichiarando le linee guida dell'Islam. Inoltre, fu incaricato di scrivere il trattato di Hudaybiyah, il trattato di pace tra il Profeta Muhammad ﷺ e Quraish. Ali⁽ᴬ·ˢ⁾ fu inviato nello Yemen per diffondere gli insegnamenti dell'Islam. Fu anche incaricato di risolvere diverse controversie e di sedare le rivolte di varie tribù.

## Il Leone di Allah⁽ˢ·ᵂ·ᵀ⁾

Ali⁽ᴬ·ˢ⁾ era ben noto per il suo coraggio. Partecipò a quasi tutte le battaglie contro i non credenti durante il tempo del Profeta Muhammad ﷺ, tranne la battaglia di Tabuk nell'anno 9 Hijri, poiché il Santo Profeta ﷺ aveva messo Ali⁽ᴬ·ˢ⁾ a capo della città. Egli partecipò anche a singole battaglie contro i non credenti e dominò i più famosi guerrieri d'Arabia. Oltre ad essere il portabandiera in quelle battaglie, Ali⁽ᴬ·ˢ⁾ guidò gruppi di guerrieri in incursioni nelle terre nemiche.

Nella battaglia di Badr, sconfisse il campione omayyade, Walid Ibn Utba, e altri venti soldati politeisti.

Ali⁽ᴬ·ˢ⁾ era in primo piano nella battaglia di Uhud quando il portabandiera dell'Islam fu martirizzato; fu Ali⁽ᴬ·ˢ⁾ che lo rialzò. Poi, fu sfidato da un miscredente che Ali⁽ᴬ·ˢ⁾ combatté e sconfisse da solo. E' stato anche Ali⁽ᴬ·ˢ⁾ che ha circondato il Santo Profeta ﷺ con altri fedeli Compagni, quando gli arcieri hanno abbandonato i loro posti in cerca di bottino ed è successo il caos. Ali⁽ᴬ·ˢ⁾, che Allah aveva protetto, rimase saldo accanto al Profeta Muhammad ﷺ.

Nella battaglia della trincea, Ali(A.S) sconfisse coraggiosamente un importante leader dei miscredenti chiamato Amr Ibn Wudd.

Nella battaglia di Khaybar, quando l'esercito musulmano non riuscì a conquistare la fortezza ebraica per due volte, il Santo Profeta ﷺ disse quella notte: "Per Dio, domani la darò [la bandiera] a un uomo che ama Dio e il Suo Messaggero, e che Dio e il Suo Messaggero amano. Allah gli concederà la vittoria". La mattina seguente, i compagni portarono Ali(A.S), ma aveva gli occhi infiammati (oftalmia). Lo portarono dal Messaggero di Allah ﷺ, che applicò la sua saliva sui suoi occhi, ed egli guarì. Il Messaggero di Allah ﷺ gli diede il vessillo.

Quando Ali(A.S) raggiunse la cittadella di Qamus, fu accolto al cancello da Marhab, un capo ebreo che aveva molta esperienza in battaglia. Marhab chiamò: "Khaybar sa bene che io sono Marhab, un valoroso guerriero collaudato, la cui arma è affilata. A volte spingo con la lancia, a volte colpisco con la spada; quando i leoni avanzano con rabbia ardente".

Ali(A.S) cantò in risposta:

"Io sono colui la cui madre lo chiamò 'Haidar (Leone)', (e sono) come un leone della foresta con un volto che incute terrore. Io do ai miei avversari la misura di 'sandara' in cambio di 'sa', cioè restituisco il loro attacco con uno molto più feroce".

I due soldati si colpirono l'un l'altro, e dopo il secondo colpo, Ali(A.S) fendette l'elmo di Marhab, spaccandogli il cranio e facendo finire la sua spada tra i denti del suo avversario. Un'altra narrazione descrive: "Ali(A.S) colpì la testa di Marhab e lo uccise". Durante la battaglia, un ebreo lo colpì in modo che il suo scudo gli cadde di mano, e Ali⁽ᴬ·ˢ⁾ perse il suo scudo. Avendo bisogno di un sostituto, raccolse una porta e la usò per difendersi. Si dice che la porta fosse così pesante che ci vollero otto uomini per rimetterla sui cardini. Si dice anche che, quando venne il momento di fare breccia nella fortezza, gettò la porta come un ponte per permettere al suo esercito di passare nella cittadella e conquistare la soglia finale. La fortezza si è piegata all'assalto dei musulmani e la vittoria è stata raggiunta.

Inoltre, Ali⁽ᴬ·ˢ⁾ fu uno dei Compagni che rimase incrollabile accanto al Profeta Muhammad ﷺ nella battaglia di Hunain.

Il titolo di "Leone di Allah⁽ˢ·ᵂ·ᵀ⁾" è ben meritato per Ali ibn Abi Talib⁽ᴬ·ˢ⁾ per il suo valore sui campi di battaglia.

## Sostegno ai primi tre Califfi

Abu Bakr As-Siddique⁽ᴿ·ᴬ⁾ mandò Ali⁽ᴬ·ˢ⁾ con un gruppo di Compagni per proteggere i confini della città nei momenti critici. Inoltre, Abu Bakr⁽ᴿ·ᴬ⁾ consultò Ali⁽ᴬ·ˢ⁾ prima di combattere l'apostasia e i romani. Le narrazioni hanno rivelato che la carica di giudice fu delegata ad Ali⁽ᴬ·ˢ⁾ durante il califfato di Abu Bakr⁽ᴿ·ᴬ⁾.

Ali⁽ᴬ·ˢ⁾ giurò la sua fedeltà a Umar⁽ᴿ·ᴬ⁾ e lo aiutò come consigliere di fiducia. Sotto il califfato di Umar⁽ᴿ·ᴬ⁾, un periodo unico nella storia del mondo in termini di conquista territoriale, Ali⁽ᴬ·ˢ⁾) aveva diritto al posto di consigliere del califfo. Nessuna questione importante è stata risolta senza la sua consultazione. Con il suo coraggio e la sua audacia, si è distinto tra i suoi contemporanei. Durante il califfato di Umar⁽ᴿ·ᴬ⁾, l'esercito islamico conquistò l'imperatore romano in Siria, Egitto e Nord Africa. Inoltre, l'esercito islamico conquistò l'imperatore persiano in Iraq, Persia, Khurasan, estendendosi fino ai confini della Turchia e dell'India. Per tutto il tempo, Umar(R.A) era solito consultare i saggi Compagni del Profeta ﷺ come Ali(A.S), e cercare i loro suggerimenti nelle questioni politiche. È stato narrato che Ali(A.S) fu colui che consigliò a Umar(R.A) di fissare la Hijra come inizio del calendario islamico. Inoltre, fu Ali(A.S) che consigliò a Umar(R.A) di andare a Gerusalemme per ricevere la Santa Moschea dai Romani, mentre Umar(R.A) mise Ali(A.S) a capo di Madinah. Così, è lui che riesce ad impadronirsi della cittadella di Khalibar. Ali(A.S) faceva parte del consiglio elettorale di Umar(R.A) per scegliere il terzo califfo. Uthman(R.A) e Ali(A.S) erano i due principali candidati.

Anche Ali(A.S) giurò la sua fedeltà a Uthman(R.A) e rimase a Madinah per sostenerlo. Ali(A.S) ha rappresentato un ruolo considerevole durante l'incitamento alla ribellione contro Uthman(R.A). Ali(A.S) sostenne Uthman(R.A) e lo difese offrendo consigli e affrontando l'opposizione provinciale proveniente dall'Egitto e dall'Iraq. Essi miravano a sostituire Uthman(R.A) con Ali(A.S), ma quest'ultimo rifiutò risolutamente le loro richieste. Fecero quindi finta di ritirarsi, ma dopo tre giorni tornarono a Madinah per assediare Uthman(R.A) e la sua famiglia. Ali(A.S) e i suoi figli difesero ardentemente Uthman(R.A), ed erano destinati a combattere i ribelli, ma Uthman(R.A) rifiutò di uccidere le persone per il suo bene. Fu una disgrazia complicata nella storia islamica, segnata dall'assassinio di Uthman(R.A).

## Ali Ibn Abi Talib(A.S) come Quarto Califfo

Dopo il martirio del terzo Califfo, Uthman(R.A), i Compagni del Profeta si avvicinarono ad Ali(A.S), chiedendogli di essere il Califfo. Dapprima, egli ha rifiutato la responsabilità di questo grande incarico, suggerendo di essere un consigliere invece di un capo. Ma alla fine ha deciso di porre la questione davanti ai musulmani nella moschea del Profeta. Come risultato, la stragrande maggioranza dei Compagni a Madinah considerò Ali(A.S) la persona più adatta ad essere il Califfo dopo Uthman(R.A). Inoltre, in occasione dell'elezione del terzo califfo, la scelta finale fu tra Uthman(R.A) e Ali(A.S). Uthman(R.A) aveva votato a favore di Ali(A.S) e Ali(A.S) a favore di Uthman(R.A) come la persona più adatta alla carica del califfato. Ali(A.S) era considerato l'uomo ideale per il quarto califfo. Se lui non avrebbe potuto fermare l'inevitabile corso degli eventi, non avrebbe potuto farlo nessun altro. In realtà, però, si rivelò essere la migliore soluzione possibile per il bene dell'Islam in quei giorni tempestosi. Per quanto riguarda il giudizio, non aveva eguali tra i compagni del Santo Profeta ﷺ. Così, accettò di assumersi la responsabilità, e gli furono giurati impegni di fedeltà.

Diversi problemi hanno affrontato il nuovo califfo quando ha preso il potere. In primo luogo, doveva stabilire la pace nello stato e modificare la situazione politica che si stava deteriorando. In secondo luogo, doveva agire contro gli assassini di Uthman(R.A). Poco dopo che Ali(A.S) divenne califfo, rimosse i governatori provinciali che erano stati nominati da Uthman(R.A) e li sostituì con aiutanti fidati. Scrisse istruzioni ai suoi funzionari che chiariscono quale forma di regime voleva introdurre. Ali(A.S) disse alla gente che la politica musulmana era diventata afflitta da disaccordi e disarmonie e che lui voleva epurare l'Islam da ogni male che aveva subito. Poi avvertì tutti gli interessati che non avrebbe tollerato alcuna ribellione e che tutti coloro che fossero stati condannati per attività ribelli sarebbero stati trattati duramente. Consigliò alla gente di comportarsi come veri musulmani. Non sarebbe stato un regime in cui gli ufficiali dominavano e si ingrassavano con il denaro pubblico. Credeva che la gente e i governanti avessero diritti l'uno sull'altro, e Allah(S.W.T) aveva creato questi diritti in modo tale che fossero uguali l'uno all'altro. Sarebbe stato un regime in cui i governati e i contribuenti avrebbero avuto un premio. Era la loro convenienza che lo stato dovesse funzionare. Era uno stato sociale che lavorava solo per il benessere delle persone che vivevano sotto il suo dominio, un regime in cui i ricchi non possono diventare più ricchi mentre i poveri diventano più poveri; un regime in cui i canoni della religione trovano un equilibrio tra chi governa e chi è governato.

Il regno di Ali(A.S) fu notevolmente segnato dal verificarsi di prove e problemi tra i musulmani. Un'attenta lettura della storia islamica ha rivelato che la causa principale di questi problemi era il partito di Ibn Saba, sostenuto da schiavi e abitanti dei villaggi. Il loro capo, Abdullah ibn Saba, era un ebreo ma finse la conversione all'Islam durante il califfato di Uthman ibn Affan(R.A). L'obiettivo principale di Ibn Saba era quello di dividere i musulmani e diffondere l'anarchia nella società islamica. Provocò i musulmani ad uccidere Uthman(R.A), poiché presumeva che Uthman(R.A) avesse occupato il posto di Ali(A.S). Era anche la fonte principale di malizia e rivoluzione durante il regno di Ali(A.S). Durante il califfato di Ali(A.S), ci fu certamente uno spargimento di sangue tra i musulmani, ma si dovrebbe anche ricordare che ogni volta che Ali(A.S) vide una buona opportunità per evitare lo spargimento di sangue, si trattenne per il beneficio della nazione musulmana. Ali(A.S) era fortemente convinto di non dover iniziare una guerra con altri musulmani, ma il suo esercito non si ritirò quando il nemico la iniziò. Ordinò ai suoi soldati di non uccidere coloro che sarebbero stati feriti, o che non potevano difendersi o fuggire dal campo di battaglia e di non ferire le donne.

Il Califfato di Ali(A.S) non comprendeva nuove conquiste, ma era caratterizzato da realizzazioni civili e culturali come l'organizzazione della polizia, la costruzione del tribunale di arbitrato e la costruzione di prigioni. Inoltre, Ali(A.S) trasferì la capitale del califfato da Madinah a Kufah in Iraq, a causa della sua posizione strategica al centro dell'impero islamico in quel momento. Kufah prosperò perché furono istituite le scuole di giurisprudenza e di grammatica. Inoltre, Ali(A.S) diede l'ordine di fornire le lettere del Sacro Corano con i segni delle vocali per la prima volta.

## Martirio

Il 19 di Ramadan, mentre Ali(A.S) stava pregando la preghiera del fajr nella moschea di Kufa, un uomo chiamato 'ibn Muljam' lo attaccò con la sua spada coperta di veleno. Un anziano dei Quraish ha riferito che quando Ibn Muljam colpì Ali(A.S), disse:

"Sono succeduto dal Signore della Ka'ba".

Ali(A.S) visse per due giorni ferito dalla spada avvelenata. Ordinò ai suoi figli di non uccidere il gruppo di persone, poiché l'atto era stato commesso da un solo membro del gruppo kharijita e non da tutti.

Durante questi due giorni, ha dettato la sua volontà alla sua casa:

"Vi consiglio di non considerare nessuno come un partner del Signore, siate fermi nella vostra convinzione che c'è un solo e unico Dio, cioè Allah. Non sprecate la conoscenza che il Profeta Muhammad  vi ha dato, e non abbandonate e distruggete la sua Sunnah [tradizioni]. Mantenete questi due pilastri dell'Islam [il monoteismo e la Sunnah] e agite secondo il mio consiglio."

Ha abbracciato il martirio il 21 di Ramadan nella città di Kufa nel 661 d.C. Il suo califfato rimase per cinque anni e mezzo. L'Imam Hasan(A.S) guidò la preghiera funebre per lui e prese anche la Qisas più tardi uccidendo ibn Muljam.

Che Allah abbia pietà di Ali Ibn Abi Talib(A.S) e si compiaccia di lui e ci riunisca nella sua compagnia.

Ameen

ISBN 978-1-990544-61-3

*Cerca ISBN sul sito del rivenditore

## Copertina rigida con pagine a Colori Premium

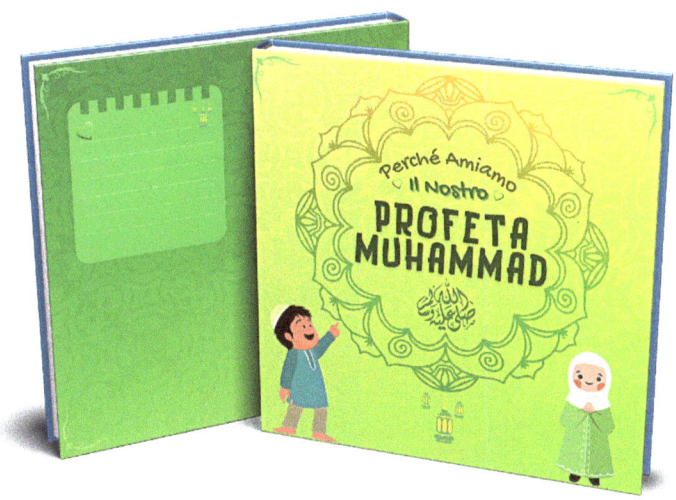

ISBN 978-1-990544-63-7

ISBN 978-1-990544-64-4

ISBN 978-1-990544-65-1

ISBN 978-1-990544-62-0

*Cerca ISBN sul sito del rivenditore

## Copertina rigida con pagine a Colori Premium

**ISBN 978-1-990544-63-7** Perché Amiamo il nostro Profeta Muhammad ﷺ ?

Questo libro dal bellissimo design diffonde il profumo dell'Amore e della Compassione mostrati dal Santo Profeta ﷺ attraverso i suoi insegnamenti e le sue azioni. La sua misericordia abbraccia tutti, cioè i bambini, i servi, i poveri, gli animali e gli uccelli, e soprattutto la sua Ummah (nazione musulmana).
I bambini impareranno anche ad amare il Messaggero di Allah ﷺ per il suo immenso sacrificio e la sua lotta per la diffusione dell'Islam, e come estendere l'empatia intorno a noi.

**ISBN 978-1-990544-64-4** Angeli & Jinn: Loro Chi Sono?

I bambini musulmani si interrogano spesso sul concetto di Angeli e Jinn.
Sono reali o è solo un mito? Quando e perché sono stati creati? Sono più potenti e grandi degli esseri umani? Come possono aiutarci o danneggiarci?
Questo bellissimo libro risponde a tutte le curiosità dei bambini sulla realtà degli Angeli e dei Jinn.
I bambini impareranno le credenze islamiche su di loro ed esploreranno l'universo invisibile di Allah (S.W.T) intorno a noi.

**ISBN 978-1-990544-65-1** Che cos'è la Religione?

I bambini musulmani si interrogano spesso sulle religioni nel mondo moderno di oggi.
Quali sono le differenze tra i loro seguaci? Come si sono formati e diffusi? Perché Allah Al-Mighty ha inviato numerosi Profeti e Messaggeri? Qual è l'unicità e l'autenticità dell'Islam e del Profeta Muhammad ﷺ ?
Questo bel libro risponde a tutte le curiosità dei bambini sulle varie religioni e aiuta i genitori a spiegare il concetto e l'autenticità dell'ultima vera religione: l'Islam.

**ISBN 978-1-990544-62-0** I Grandi Quattro Califfi Rashidun dell'Islam

La storia della vita di quattro grandi Compagni del Profeta Muhammad ﷺ
Questo bellissimo libro spiega ai bambini i grandi insegnamenti del Profeta Muhammad ﷺ ai suoi Compagni (R.A) che hanno completamente trasformato la loro mentalità, e più tardi come hanno implementato questi insegnamenti per ispirare gli amici e i nemici insieme.
Impara come questi quattro califfi ben guidati sono diventati un faro di leadership e hanno creato il concetto di stato sociale per il mondo contemporaneo.

**\*Cerca ISBN sul sito del rivenditore**

www.ingramcontent.com/pod-product-compliance
Lightning Source LLC
Chambersburg PA
CBHW040001290426
43673CB00077B/295